IVA DUNNIT et le GRAND VENT

A John
C.P.

Pour Helen et pour les
six merveilleux enfants de l'histoire,
avec ma tendresse et ma reconnaissance
S.K.

Traduit de l'américain par Isabelle Reinharez

Titre de l'édition originale: «Iva Dunnit and the Big Wind» (Dial Books, New York)
Loi n° 49.956 du 16 juillet 1949 sur les publications destinées à la jeunesse: septembre 1987
Dépôt légal: septembre 1987
Imprimé en France par Mame à Tours

l'école des loisirs
11, rue de Sèvres, Paris 6e

IVA DUNNIT
ET LE GRAND VENT

Histoire de Carol Purdy, illustrée par Steven Kellogg

Du temps des jupons et des chariots bâchés, il y avait, dans l'Ouest américain, une pionnière du nom d'Iva Dunnit. Elle avait six beaux enfants – Ida et Yvan, Ima et Isaac, Ira et Petite Iris. Ils vivaient dans une ferme aux environs de la ville de Cob Hollow.

Les gens de Cob Hollow se demandaient comment une femme seule avec six enfants pouvait se débrouiller dans la prairie. Mais pour Iva Dunnit, pas de problème. Elle disait toujours : « Il n'y a que trois choses indispensables à avoir : de l'astuce, de l'énergie et des gosses qui sachent rester en place. »

DUNNIT

Iva Dunnit n'avait peur de rien. Elle et ses six enfants étaient capables de se sortir de presque tous les mauvais pas. Un jour, ils affrontèrent un incendie de prairie.

« Mes gosses ont su rester en place et m'ont obéi au doigt et à l'œil », se vanta Iva Dunnit.

Une autre fois, ils arrachèrent Petite Iris à une horde de loups.

«Grâce à notre énergie, nous ne faisons qu'une bouchée d'une horde de loups», affirma Iva Dunnit.

Une autre fois encore, Iva Dunnit et Isaac jouèrent un bon tour à un brigand venu voler leurs chevaux. « Mon Isaac a hérité l'astuce de sa mère », dit Iva Dunnit aux gens de Cob Hollow.

Mais notre histoire raconte l'aventure d'Iva Dunnit dans le Grand Vent.

Chaque été, dans la région de Cob Hollow, survenait une période de mauvais temps que les gens appelaient le Grand Vent. C'était un vent tel que les gens hésitaient à sortir quand il soufflait. Par exemple, un jour, le Grand Vent avait emporté le vieux docteur Fenton carrément jusqu'à la ville voisine. Il y avait atterri sans douceur, dans le salon de coiffure et, se croyant dans son propre cabinet, il avait demandé au coiffeur de quoi il souffrait.

Le vieux Doc Fenton était archicélèbre pour ses démêlés avec le Grand Vent.

Donc, par une chaude après-midi d'août, le Grand Vent se leva et Iva Dunnit fit rentrer en vitesse ses enfants dans la maison. «Comme c'est douillet, ici», remarqua-t-elle. «Je suis bien contente de faire un câlin avec mes six adorables petits pendant que l'vent souffle.»

«J'suis bien content qu'on ait cette bonne maison pour nous protéger du Grand Vent», dit Isaac.
«Ça oui, alors», dit Iva Dunnit. «Et une bonne grange aussi, pour abriter nos poules, qui continuent à pondre les œufs qui nous nourrissent.»

«Comment sais-tu que les poules, elles y sont, dans la grange?» demanda Ida. «Y a rien d'plus bête qu'un poulet.»
Aussitôt Iva Dunnit trouva la maison moins douillette. «Faut qu'j'aille voir mes pondeuses», déclara-t-elle. «Si nous perdons not'subsistance, vous autres, les petits, on vous verra les côtes bien avant la saison des haricots.»

La jupe et les jupons d'Iva Dunnit se gonflèrent comme une voile et elle arriva à la grange bien plus vite que prévu. « On va t'aider, M'man », entendit-elle. C'était la voix d'Isaac.

Iva Dunnit n'en crut pas ses oreilles. « Dites donc, ne vous ai-je pas dit de rester en place ? » cria-t-elle.
« Non, M'man. Tu ne nous l'as pas dit », intervint Ida. « On vient t'aider à sauver not'subsistance. »
« Rentrez à la maison illico ! » cria Iva Dunnit. « Et cette fois, restez en place ! »

Évidemment, quatre des meilleures pondeuses manquaient à l'appel. « Zut, alors ! » dit Iva Dunnit. « Et comme par hasard, elles sont aux quatre coins. »
Elle avait repéré les poules, mais ses jupons la ramenaient toujours vers la grange. « Je ne vois qu'une solution », conclut Iva Dunnit. Elle se pencha en avant pour s'extraire de ses jupes. « Y a un paysan qui va être bien étonné de trouver des jupons dans sa cour ! »

Puis Iva Dunnit se retourna vers sa maison et vit alors une chose horrible. Un morceau du toit se détachait. «Je vais aller le tenir et j'appellerai les petits pour qu'ils m'apportent un marteau», se dit-elle.

Sur place, elle se rendit compte assez vite qu'elle ne pourrait pas tenir le toit avec deux poulets dans chaque main. Mais il en fallait plus pour arrêter Iva Dunnit. «Braves petites bêtes!» dit-elle en se les attachant aux lacets de son corset.

Elle était à deux doigts de réussir à rabattre la toiture, quand le Grand Vent emporta son échelle.
Iva Dunnit criait à s'en casser les cordes vocales. Ses mains s'engourdissaient, ses bras lui semblaient près de se rompre. Mais le Grand Vent couvrait sa voix et personne ne venait à la rescousse.

Au bout d'un long moment, Iva Dunnit dit: « Pourquoi les petits, y sont pas venus voir c'qui arrivait à leur maman? J'm'en vais leur dire deux mots, quand j'serai descendue de là. »

Le temps passait. Iva Dunnit s'enfonçait dans un monde de rêve. Elle ferma les yeux et il lui vint une pensée. « Les p'tits, y sont pas venus me chercher parce que je leur ai dit de rester en place. Ah ça, oui, si je peux être fière de quelque chose, c'est d'avoir des p'tits qui savent rester en place ! »

Iva Dunnit rêvait, heureuse. Elle attrapait un des poulets par les lacets de son corset et lui disait : « Si je meurs accrochée à ce toit, ces p'tits n'en sauront jamais rien. Ils passeront leur vie à rester en place, bien tranquilles, comme je l'ai demandé. »
En fait, les enfants d'Iva Dunnit commençaient à s'inquiéter de ce qui avait pu arriver à leur maman.

Le pan! pan! sonore d'un marteau ramena brusquement Iva Dunnit à la réalité.
« Tiens bon, M'man », dit Isaac. « On va te descendre de là. »
Ivan attrapa Iva Dunnit par la taille. « Tu peux t'lâcher, M'man », cria-t-il.

« Comment avez-vous pensé à v'nir à mon secours ? » s'étonna Iva Dunnit.
« M'man, tu nous as appris à être astucieux », répondit Ivan. « Tu tardais terriblement à rentrer. Alors on s'est dit que, plutôt que de rester en place, valait mieux aller à ta recherche. »
« Merci mille fois », dit Iva Dunnit. « Sûr qu'j'aurais fini par lâcher prise, et, à tous les coups, on n'avait plus de toit ! »

Bien bordée dans son lit, Iva Dunnit se sentait comme une reine. Ima préparait du pop-corn qui mettait dans la maison une bonne odeur de grillé, pendant qu'Ivan et Isaac racontaient comment ils avaient trouvé M'man en pantalons, pendue au toit, avec quatre poulets noués à son corset.

« Bravo! » s'exclama Ira. « Vive M'man, Isaac et Ivan, qui ont sauvé not'maison et not'subsistance des dangers du Grand Vent! »

Iva Dunnit soupira et dit: « Mes enfants, votre astuce et votre énergie m'font chaud au cœur. Mais mon plus grand bonheur sur Terre, c'est d'avoir des p'tits qui savent quand ils doivent rester en place, et quand ils doivent partir à la recherche de leur maman! »
« Écoutez », cria Petite Iris. « On dirait que le Grand Vent se calme. »

«Ça, par exemple!» s'exclama Iva Dunnit. «Qui est-ce qui arrive au bout du chemin?»
«Je vois une petite sacoche noire», dit Isaac. «C'est le vieux Doc Fenton, qui a dû encore une fois se faire emporter par le Grand Vent.»
«Mais c'est quoi, toutes les fanfreluches qu'il a sur lui?» demanda Ima.

Le vieux Doc Fenton s'approchait, et Iva Dunnit comprit ce qu'étaient les fanfreluches, à l'instant même où Ivan poussa un cri de joie.

« Maintenant, soyez sages, et pas de questions au docteur ! » ordonna Iva Dunnit. « Le Grand Vent nous a valu bien des ennuis, mais au moins je récupère mes jupons. »